Edvard
Munch für Kinder

Hartwig Dingfelder

Edvard Munch für Kinder

mit Illustrationen von Tidian Camara

DUMONT

Wer ist Edvard?

Er ist einer der größten und berühmtesten Maler, der aber auch einmal ein kleiner Junge war. Und schon als Kind hat Edvard nicht nur Schönes, sondern auch sehr Trauriges erlebt. Das Besondere an Edvards Kunst ist, dass er seine Gefühle gemalt hat. Viele seiner Bilder wirken deshalb geheimnisvoll und sind nicht immer leicht zu verstehen.

Mit diesem Buch kannst Du Dich auf die Reise in Edvards Welt begeben: Es zeigt Dir Geschichten und Erlebnisse, die hinter seinen Bildern stecken.

Inhalt

Warum hält sich das Kind die Ohren zu?

Wann hältst Du Dir die Ohren zu? Na klar – wenn es zu laut ist, zu viel Krach und Lärm um Dich herum tönt. Vielleicht auch, wenn Du Dich ärgerst und nicht hören willst, was Dir jemand sagt.

Das Kind in diesem Bild hält sich die Ohren zu, obwohl es still im Zimmer ist – zumindest zeigt der Maler Edvard Munch nichts, was Geräusche macht. Niemand spricht, kein offenes Fenster lässt Geräusche herein. Hinter dem Kind siehst Du nur ein Bett und eine Frau, die wie eingesunken darin liegt. Ihre Augen und ihr Mund sind geschlossen.

Edvard war gerade fünf Jahre alt geworden, als seine Mutter wenige Tage nach Weihnachten starb.

Das Erlebnis von Krankheit und Tod war so unfassbar schlimm für ihn, dass er sich sein ganzes Leben lang damit beschäftigte.

Immer wieder malte und zeichnete er die traurigen Momente nach, die sich in seine Seele eingeprägt haben – so wie in diesem Bild.

KENNST DU

Krankheit, Einsamkeit und Trauer?

Wahrscheinlich hast Du selbst schon erlebt, wie es ist, krank zu sein. Du hast gefühlt, wie hilflos und elend Schmerzen oder Schwäche machen können, wenn Du schon einmal stark erkältet warst oder Windpocken oder Masern hattest. Auch ein geliebtes Tier für immer zu verlieren tut weh und macht hilflos. Und manche Kinder müssen sich, so wie Edvard, sogar von einem nahen Menschen aus der Familie trennen.

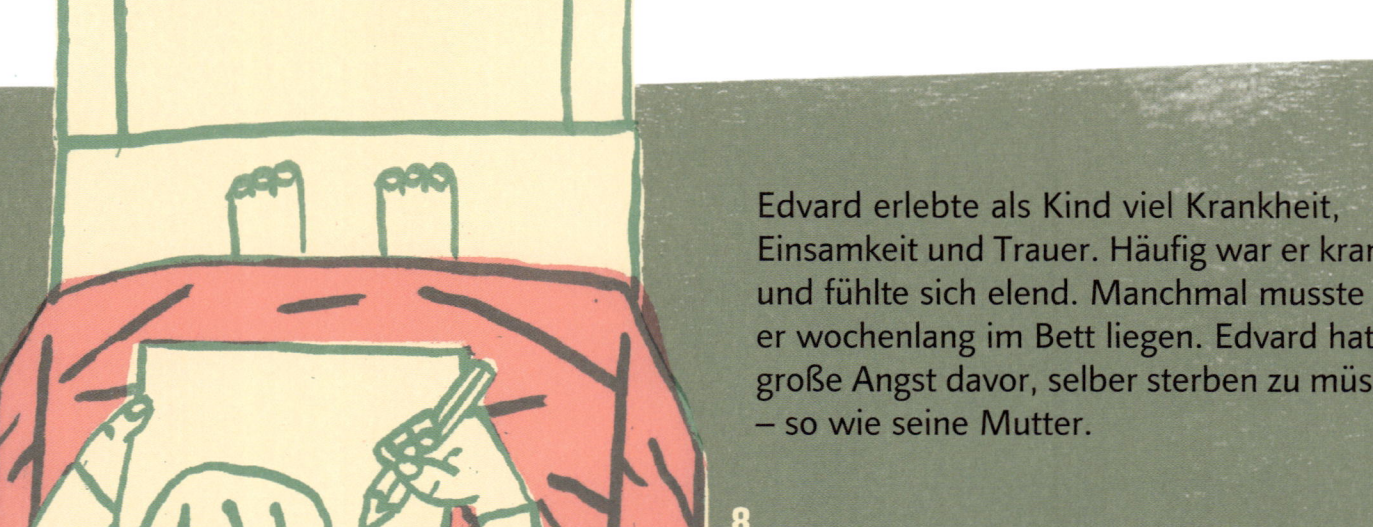

Edvard erlebte als Kind viel Krankheit, Einsamkeit und Trauer. Häufig war er krank und fühlte sich elend. Manchmal musste er wochenlang im Bett liegen. Edvard hatte große Angst davor, selber sterben zu müssen – so wie seine Mutter.

8

DIE FAMILIE Munch

Die Munchs lebten in einem Armenviertel in Oslo, der Hauptstadt von Norwegen, die damals noch Kristiania hieß. Christian Munch, Edvards Vater, war Arzt. Deshalb war es auch ganz besonders schlimm für ihn, dass er seiner Frau nicht hatte helfen können und sie sterben musste. Nach dem Tod der Mutter zog deren Schwester Karen bei der Familie ein. Sie half dem Vater dabei, Edvard und seine vier Geschwister Sofie, Andreas, Laura und Inger zu versorgen.

Auch seinem kleinen Edvard, der so häufig krank war, konnte Christian Munch kaum helfen. Edvard konnte oftmals viele Wochen nicht zur Schule gehen. Für einen privaten Lehrer reichte das Geld jedoch nicht aus. Denn viele Patienten des Vaters konnten die Arztrechnung nicht bezahlen. So übernahm Christian Munch auch den Schulunterricht seines Sohnes, den er mit spannenden Geschichten schmückte.

1 Sofie
2 Edvards Mutter
3 Edvard
4 Andreas
5 Inger
6 Laura

Edvard mochte es gern, wenn sein Vater gruselige Märchen von Trollen und Waldgeistern erzählte oder aus alten norwegischen Heldensagen vorlas. Einmal sagte Edvard über ihn: „Er hätte niemals Arzt werden sollen. Vielmehr war er ein Dichter."

Edvards Vater war aber auch streng. Er drohte den Kindern dann, dass sie ewig in der Hölle leiden müssten, wenn sie nicht immer nach Gottes Geboten lebten. Das jagte nicht nur Edvard, sondern auch seinen Geschwistern große Angst ein. Besonders die kleine Laura litt unter dieser Angst.

Zum Glück gab es Tante Karen. Sie war wie eine Mutter für die Kinder und brachte ihnen auch das Zeichnen und Malen bei. Mit Begeisterung malte Edvard die Dinge, die er um sich herum sah: den kleinen Dompfaff, der Polly genannt wurde. Die Katze unter dem Stuhl im Wohnzimmer. Oder den Blick aus seinem Zimmer auf die alte Kirche. Seinem Vater gefielen die Bilder sehr, und er war mächtig stolz auf Edvards besonderes Talent.

Edvard hat die Dinge gezeichnet und gemalt, die er täglich sah und die für ihn wichtig waren. Die Medizinflasche, das Wohnzimmer und den Blick über die Dächer seiner Heimatstadt. Gibt es auch in Deiner Umgebung Dinge, die Dir wichtig sind? Dann mach es doch so wie Edvard und versuche, etwas davon in den Bilderrahmen auf der linken Seite zu zeichnen. Am besten, Du zeichnest einfach drauflos! Es wird vielleicht nicht ganz perfekt aussehen – denke einfach daran, dass auch Edvard viel, viel Übung brauchte, um den kleinen Dompfaff Polly so bunt und lebendig zu zeigen, wie Du ihn eben kennengelernt hast.

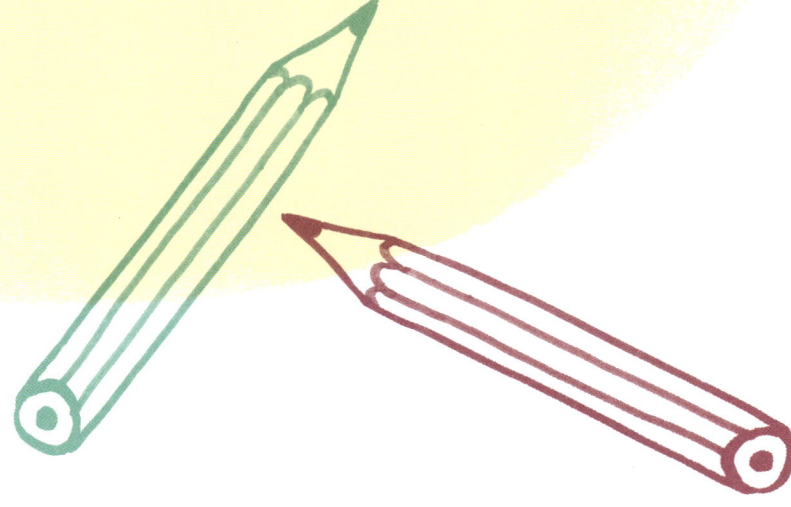

Als Edvard 13 Jahre alt war, geschah etwas Schreckliches: Seine Lieblingsschwester Sofie bekam Tuberkulose. Das ist die schlimme Lungenkrankheit, an der schon seine Mutter gestorben war. Und auch Sofie wurde schwächer und schwächer und musste schließlich sterben.

Dieses Bild hat Edvard fast zehn Jahre nach Sofies Tod gemalt. Du siehst ein Mädchen, das wie Sofie an einer schweren Krankheit leidet. Es sitzt in einem Sessel, den Kopf an ein großes, helles Kopfkissen gelehnt. Auf einem Tischchen steht seine Medizin. Die roten Haare des Mädchens sind teilweise ausgefallen. Über seiner Stirn ist der Kopf sogar schon fast kahl. Die dunkel gekleidete Frau daneben hält den Kopf gebeugt und umfasst die linke Hand des Mädchens.

Ist Dir aufgefallen, dass Edvard diese Szene nicht ganz scharf gemalt hat? Die Umrisslinien sind stellenweise verwischt. Und wenn Du ganz genau hinsiehst, erkennst Du die vielen Kratzer in der Farbe – zum Beispiel auf dem Vorhang, rechts neben der Frau. Edvard hat immer neue Farbschichten auf die Leinwand gemalt und diese an manchen Stellen wieder abgewischt und abgekratzt. Diese Spuren wollte er aber nicht verdecken. Für ihn gehörten die unsauberen Stellen zum Bild: Edvard wollte ganz ehrlich zeigen, wie schwierig das Malen der Erinnerung an Sofies Krankheit und Tod für ihn war.

Von Oslo nach Paris

Obwohl Christian Munch stolz auf die Mal-künste seines Sohnes war, wollte er nicht, dass Edvard die Kunst zum Beruf machte. Er wünschte Edvard ein geregeltes Leben und einen Beruf, mit dem er genügend Geld verdienen würde. Deshalb schickte er den Jungen auf eine technische Schule. Doch Edvard war weiterhin häufig krank und fehlte im Unterricht.

Schließlich erlaubte der Vater, dass Edvard sich seinen großen Wunsch erfüllte: Er durfte Kunst studieren.
Zuerst besuchte Edvard eine Zeichenschule in Oslo. Zusammen mit ein paar Freunden durfte er sogar ein richtiges Atelier nutzen (das ist eine Werkstatt, in der Maler, Zeichner und Bildhauer arbeiten). Zwei bekannten Malern, Christian Krohg und Frits Thaulow, fielen Edvards Bilder auf – sie waren begeistert.

Frits Thaulow war sich sicher, dass aus Edvard ein einzigartiger Künstler werden würde. Dabei wollte er ihn unterstützen. Er gab Edvard Geld für eine Reise nach Paris: Dort gab es die größten Kunstausstellungen und Museen und viele Maler, von denen Edvard gute Einfälle für seine Bilder bekommen konnte.

Und tatsächlich: In Paris kam Edvard auf die Idee, ganz anders zu malen als die anderen Künstler. Er wollte nicht mehr einfach nur eine schöne Landschaft oder die Dinge um ihn herum abmalen.

Er malte die Bilder, die er in seiner Seele hatte: das Bild seiner kranken Schwester Sofie, das Du bereits kennengelernt hast. Oder das Bild seiner eigenen Angst vor dem Alleinsein. Oder das Bild seiner Angst vor der ungewissen Zukunft, die vor ihm lag.

Da Angst vor dem Alleinsein oder Angst vor der ungewissen Zukunft etwas ist, was man eigentlich nicht sehen kann, malt Edvard sie in Gestalt eines Mädchens, das nichts anhat. Er fand, dass mit diesem Bild Angst und Unsicherheit besonders gut gezeigt werden können. Denn diese Gefühle kennen viele Menschen, die gerade dabei sind, erwachsen zu werden. Und als Erwachsene können sie sich gut daran erinnern, dass sich Angst und Unsicherheit so ähnlich anfühlen können, wie nackt und schutzlos dazusitzen.

Auch das Bild gegenüber, das Edvard vor seiner Reise nach Paris gemalt hat, zeigt ein Mädchen auf dem Bett. Siehst Du die Unterschiede?

Edvard wollte, dass alle anderen diese neuen Bilder sehen. Zurück in Oslo, durfte er das Bild *Das kranke Mädchen* in einer großen Kunstausstellung zeigen. Doch seine Art zu malen war so ungewohnt, dass die Leute nichts damit anfangen konnten. Sie lachten und schimpften über das verwischte und zerkratzte Bild.

Aber Edvard ließ sich nicht beirren und malte weiter. In Norwegen wollte er aber nicht bleiben: Paris war sein Ziel!

Eine lange Zeit des Reisens begann.

Edvards Tagebuch –
verschlüsselte Bilder statt verschlossenes Büchlein

„Meine Bilder sind mein Tagebuch", sagte Edvard einmal. Zwar hat er auch viel von dem, was ihn bewegte, aufgeschrieben. Doch er konnte sich am besten in seinen Bildern ausdrücken.

Viele dieser Bilder kannst Du sofort verstehen. Zum Beispiel die Bilder, in denen Edvard seine Erinnerungen an die Mutter und an Sofie zeigt.

Nicht alle diese Bilder zeigen traurige Erlebnisse. Hier hat Edvard zum Beispiel die Erinnerung an einen Spaziergang mit seiner Mutter gezeichnet.

Manche Bilder sind aber geheimnisvoll, ihre Bedeutung ist verschlüsselt – fast wie ein richtiges Tagebuch, das mit einem kleinen Schloss gesichert ist.

Besonders rätselhaft ist dieses Bild. Wieder zeigt es ein nacktes Mädchen mit langen, dunklen Haaren. Ganz ähnlich sitzt es da, wie das nackte Mädchen auf der vorherigen Seite. Doch was bedeuten die drei Gesichter? Und die vielen Muster und verschlungenen Formen? Niemand weiß es ganz genau – vielleicht fällt Dir eine Lösung ein?

Mit dem Gesicht ganz links hat Edvard sich übrigens selbst gemalt.

Immer auf ACHSE

Viele Jahre lang reiste Edvard quer durch Europa – er besuchte Paris, Nizza, Florenz, Antwerpen, Hamburg und Berlin. Dabei lernte er viele Künstler und neue Freunde kennen. Und Edvard wurde bekannt: Er zeigte seine Bilder in großen Kunstausstellungen. Manche Bilder konnte er sogar für viel Geld verkaufen.

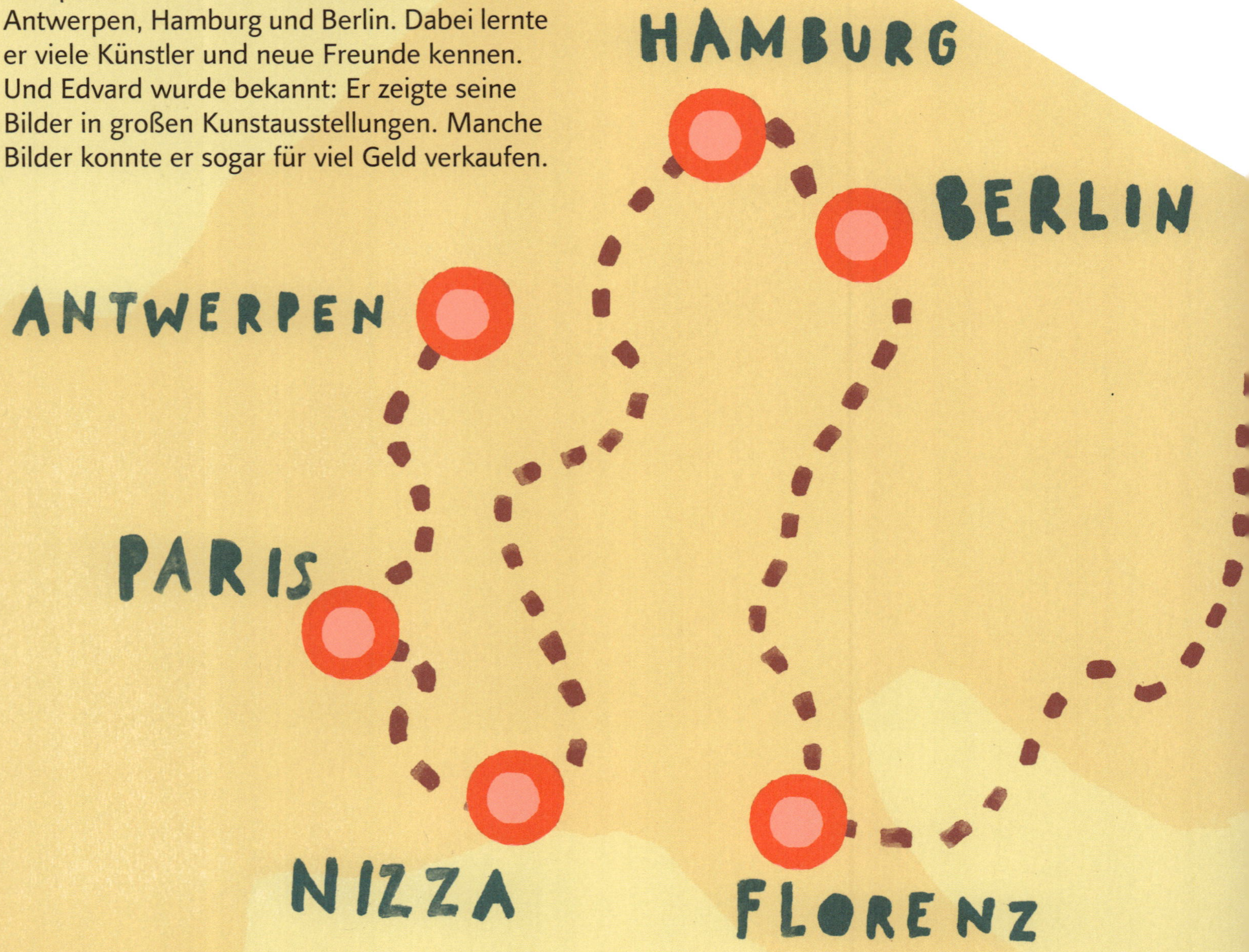

HAMBURG

BERLIN

ANTWERPEN

PARIS

NIZZA

FLORENZ

Doch immer wieder kehrte er zurück nach Norwegen. Er liebte die Landschaft seiner Heimat und die hellen Sommernächte. In Åsgårdstrand, einem kleinen Ort am Meer, hatte er ein Häuschen gemietet. Hier besuchten ihn seine Geschwister Inger, Andreas und Laura. Und hier fühlte er sich wohl und bekam viele gute Ideen für seine Bilder.

ÅSGÅRDSTRAND

KINDER schauen DICH an

Edvard hat viele Bilder von Kindern gemalt. Das kleine Kind im Sterbezimmer, das kranke Mädchen im Sessel und das ängstliche Mädchen mit dem dunklen Schatten hast Du bereits kennengelernt.

Die Kindheit und das Erwachsenwerden waren für Edvard die wichtigste Zeit im Leben.

Vom Kindsein und vom Erwachsenwerden handelt auch eines der vielen Bilder, die Edvard in Åsgårdstrand gemalt hat. Oft sehen Dich die Kinder in Edvards Bildern an – so wie in diesem Bild. Es sieht fast so aus, als wollte das Mädchen mit Dir sprechen.

Denn mit den anderen Kindern im Bild kann es nicht sprechen – die spielen auf der Straße hinter ihm. Wahrscheinlich ist das Mädchen kaum älter als die anderen. Aber anders als diese ist es schon dabei, erwachsen zu werden. Es wirkt so, als wäre das Mädchen einsam mit seinen besonderen Gedanken. Vielleicht spürt es, dass die Zeit des ausgelassenen Spielens vorbei sein wird?

Auch in diesem Bild schaut Dich ein Mädchen an. Und auch hier geht es um das Älterwerden: Auf der Straße hinter dem Mädchen siehst Du eine junge, eine etwas ältere und eine alte Frau. Edvard will damit vier Lebensabschnitte zeigen – die Kindheit, die Jugend, das Erwachsensein und das Alter.

Und wieder sieht Dich ein Kind an. Doch dieses Bild ist anders; es zeigt nicht ein Gefühl oder einen Lebensabschnitt: Es zeigt einfach ein kleines Mädchen mit blonden Haaren in einem schönen, blauen Sonntagskleid. Der Journalist Anker Kirkeby hatte Edvard den Auftrag gegeben, ein Bild seiner Tochter Pernille zu malen. Interessant an diesem Bild ist, wie Edvard das Zimmer gemalt hat, in dem die kleine Pernille steht: Eigentlich siehst Du nur eine großes helles Rechteck mit Mustern hinter ihr, einen grünroten Streifen links und einen roten Streifen am Boden. Trotzdem kannst Du Dir vorstellen, dass sie vor einer Wand auf dem roten Teppichboden steht und neben ihr die geschlossene Zimmertür ist.

KiNDER in BILDERN

Was ist eigentlich das Besondere an Edvards Bildern von Kindern? Schließlich kannst Du auf Bildern früherer Zeiten auch Kinder sehen. Trotzdem suchst Du in solchen Bildern vergeblich nach einem ängstlichen oder kranken Kind. Denn früher ging es nicht darum, Kinder so zu malen, wie sie sich fühlen oder wie sie wirklich leben.

In Bildern aus dem Mittelalter und den Jahrhunderten danach findest Du Kinder fast immer in Gestalt des Jesuskindes auf Marias Arm oder auch als kleine Engelfiguren.

Später ließen Könige und andere Adlige ihre Kinder von Künstlern malen. Dafür wurden sie, wie diese spanische Königstochter, in kostbare Kleider und Gewänder gesteckt. So konnten alle sehen, wie mächtig und reich die Eltern sind – und wer nach ihrem Tod Macht und Reichtum einmal übernehmen wird.

Vor etwa 300 Jahren begannen auch andere
reiche Leute, ihre Kinder malen zu lassen.
Aber auch sie wollten eher etwas beweisen –
nämlich dass ihre Kinder wohlerzogen und
klug sind. Das Beispiel des Jungen im steifen
Mantel mit strenger Perücke zeigt es Dir:
Neben Tintenfass und Buch lässt er brav
seinen Kreisel drehen.

Einige Jahrzehnte danach wurden auch immer wieder Kinder beim „wirklichen" Spielen
oder auch bei der Arbeit gemalt. Dieses
Bauernmädchen darf sich zum Glück vom
anstrengenden Gartendienst ausruhen.

Edvard hat mit seinen Bildern von Kindern
etwas ganz Neues geschaffen. Er malte
Kinder, die gerade dabei sind, lebenswich-
tige Erfahrungen zu machen – Erwachsenwerden, Einsamkeit oder auch Sterben und
Tod erleben. Damit zeigt er Gefühle wie
Ungewissheit, Trauer, Angst und Verzweif-
lung so, wie sie wohl fast alle (erwachsenen)
Menschen kennen.

GROSSER Ärger UM gemalte GEFÜHLE

Die Gefühle, die einen Menschen bewegen, waren für Edvard die spannendsten Themen. Du hast bereits einige Bilder kennengelernt, die von Angst, Trauer, aber auch von der Liebe und von Sehnsucht handeln.

Für Edvard gehörten diese Bilder von Gefühlen zusammen. Denn sie erzählen eine ganze Geschichte – die Geschichte des Lebens. Schließlich tauchen diese Gefühle im Leben aller Menschen auf.

Edvard nannte diese Bilder **LEBENSFRIES**. Was das bedeutet? Ein Fries ist eigentlich ein langer Streifen aus Mustern und Figuren, die ein Bildhauer in Stein gemeißelt hat. Solche Friese findest Du manchmal an alten Häusern, an Kirchen oder an Burgen und Schlössern. Manchmal wird auf einem Fries auch eine ganze Geschichte erzählt, wie in einem Comic. Solche Friese heißen Bildfries. Und so ergeben auch die Bilder von Edvard, wenn man sie nebeneinander aufgehängt sieht, ein langes Bildfries – das Lebensfries.

Edvard hat diese Bilder zum ersten Mal 1902 in einer Ausstellung in Berlin gezeigt, wo er auch einige Zeit wohnte. Dies war für ihn die bis dahin größte Ausstellung. Er hoffte, jetzt noch bekannter zu werden. Doch es passierte etwas ähnliches wie damals in Oslo, als Edvard *Das kranke Kind* gezeigt hat: Die meisten Leute, die die Bilder sahen, haben sie nicht verstanden. Einige machten sich lustig, andere waren sogar ärgerlich. In der Zeitung stand: „Munchs Bilder haben nicht das Geringste mit Kunst zu tun."

Aber der ganze Trubel hatte auch seine guten Seiten. Seiner Tante Karen schrieb er aus Berlin: „Jeden Tag wird in den Zeitungen über mich geschrieben. Bessere Reklame kann ich gar nicht bekommen." Und tatsächlich: Vor allem jüngere Künstler und auch Schriftsteller waren von den Bildern begeistert. Mit einigen von ihnen freundete sich Edvard an. Er traf sich regelmäßig mit ihnen in einer Gaststätte, die „Zum schwarzen Ferkel" hieß.

Das berühmteste Bild, das Edvard gemalt hat, heißt einfach nur *Der Schrei*. Es ist auch eines der Bilder, die zu seinem Lebensfries gehören. Kannst Du Dir vorstellen, welches Gefühl der Maler darstellen wollte?

Dir fällt vermutlich auf, dass die Figur mit den aufgerissenen Augen und dem offenen Mund aus dem Bild herausschaut, fast so, als würde sie Dich anblicken. Damit erinnert *Der Schrei* an die Bilder von Kindern, die Du bereits kennengelernt hast. Besonders das Bild des kleinen Kindes vor dem Bett der toten Mutter ist diesem Bild ähnlich: Beide, die Figur in *Der Schrei* und das kleine Kind, halten sich die Hände ans Gesicht.

Trotzdem unterscheiden sich die Bilder sehr: Edvard hat dieses Bild mit leuchtenden, fast grellen Farben gemalt. Der Himmel besteht aus roten, gelben und blaugrünen Streifen. Auch die Brücke, auf der die schreiende Figur steht, und das Brückengeländer hat Edvard in Streifen gemalt. Ebenso den Weg und den Meeresstrand im Hintergrund. Dadurch wirkt das Bild unruhiger als das Bild von dem kleinen Mädchen. Und es ist ein unheimliches Bild. Denn Du kannst nicht erkennen, was genau hier passiert und warum die Figur so entsetzt aussieht. Hat sie Angst vor den beiden Leuten, die hinter ihr auf der Brücke stehen? Sehr gefährlich sehen die zwei eigentlich nicht aus. *Der Schrei* ist wieder eines dieser verschlüsselten Bilder, dessen Bedeutung niemand genau kennt. Du kannst nur versuchen, dieses Rätsel für Dich selbst zu lösen.

Welches Gefühl würdest Du gerne malen? Eher ein dunkles Gefühl, so wie Edvard? Oder lieber ein schönes Gefühl wie Glück, Freude oder Geborgenheit? Probier es doch einfach selber aus, ein Gefühl, das Du gut kennst, zu malen. Welche Farben passen zu diesem Gefühl? Malst Du Dich selbst, eine andere Person oder ein Tier? Oder auch nur eine schöne Form?

TiPP: Am besten eignen sich hierfür Wachsmalstifte oder Pastellkreiden. Du kannst aber auch einfache Buntstifte nehmen.

Edvard wurde mit den Jahren immer berühmter und verdiente auch Geld mit seinen Bildern. Manche Bilder waren so bekannt, dass gleich mehrere Kunstsammler sie haben wollten. Doch er wollte die Bilder, die ihm besonders wichtig waren, nicht verkaufen. *Das kranke Kind* war so ein Bild: „Das soll niemals verkauft werden! Um keinen Preis! Auch nicht, wenn jemand 100000 blanke Kronenstücke vor mir auf den Tisch legte!", sagte Edvard einmal. So behielt er das Bild bis zu seinem Tod. Und trotzdem hat er das Bild verkauft – mehrmals sogar. Er hat es nämlich einfach immer wieder neu gemalt.

Um seine Bilder bekannt zu machen, wandte Edvard noch einen anderen, viel älteren Trick an: Er hat Zeichnungen davon gemacht und diese drucken lassen. Deshalb findet sich *Das kranke Kind* auch als Druck in vielen Museen und Kunstsammlungen. Und die unterschiedlichen Drucktechniken erlaubten es ihm, sein Bild immer wieder anders aussehen zu lassen:

WIE DIESE TECHNIKEN FUNKTIONIEREN, SIEHST DU AUF DER NÄCHSTEN SEITE

Mit der **RADIERUNG** gelangen ihm feine Umrisslinien und verschiedene Grautöne.

In der **LITHOGRAFIE** konnte er unterschiedliche Farben ausprobieren.

Und der **HOLZSCHNITT** ergab die kräftigen Formen, die er so liebte.
Das Bild seiner zarten, kranken Schwester war für diese Technik aber nicht geeignet. Zwei Menschen, die sich küssen und umarmen, konnte er besser im Holzschnitt zeigen.

Edvard hat seine Bilder aber nicht nur wegen des Geldes mehrfach gemalt und gedruckt. Gefühle und Erinnerungen, wie die an seine Schwester Sofie oder an seine Mutter, verfolgten ihn das ganze Leben hindurch. Es tat ihm gut, diese inneren Bilder immer wieder zu malen und zu zeichnen.

33

DER Holzschnitt

Einen Holzschnitt kannst Du Dir so ähnlich vorstellen wie einen Stempel. Um einen solchen Stempel herzustellen, muss das Bild zuerst auf ein **HOLZBRETT** gemalt werden.

Der Künstler bemalt das Holzbrett zuerst mit **KREIDE**, damit es so weiß wird wie ein Blatt Papier.

1

2

Dann zeichnet er mit einem Pinsel, einem Zeichenstift oder einer **FEDER** ein Bild in die Kreideschicht.

Mit unterschiedlich feinen **MESSERN** wird anschließend die Oberfläche des Holzbretts um die gezeichneten Linien herum entfernt. Die Linien der Zeichnung bleiben so als hoch gelegene Linien, als Stege, stehen.

Allerdings ist das Holz sehr hart – und es splittert leicht. Einen Holzschnitt vorzubereiten erfordert also ganz schön viel Übung.

Wenn nun die Zeichnung ausgeschnitten ist, ist der Holzstock fertig und kann wie ein Stempel verwendet werden: So wie ein Stempel zuerst auf ein Stempelkissen und dann auf ein Papier gedrückt wird, wird auch ein Holzschnitt zunächst mit Farbe bestrichen und dann auf ein Papier gedrückt. Gedruckt werden nur die hoch gelegenen Linien.

WARUM?

Weil nur sie das Papier berühren, im Unterschied zu den umliegenden Flächen, bei denen der Künstler ja die obere Schicht entfernt hat. Deshalb heißt diese Technik auch Hochdruck.

Und wie bei einem Stempel ist der Abdruck auf dem Papier spiegelverkehrt zur Druckplatte.

DIE Radierung

Ein Radiergummi spielt bei der Radierung keine Rolle. Aber auf der Druckplatte wird gekratzt oder geritzt – das heißt auf Lateinisch „radere".

1

Mit der **RADIERNADEL** wird das Bild, das gedruckt werden soll, direkt in eine **METALLPLATTE** hineingeritzt.

Dann wird Farbe auf der Platte verteilt und anschließend wieder sauber abgewischt. Nur die Farbe in den Ritzen bleibt dabei zurück. Auf die Platte wird ein angefeuchtetes Blatt Papier aufgelegt. Beides wird in einer Radierpresse stark zusammengepresst. So kann die Farbe aus den tiefen Ritzen auf das Papier übertragen werden.

2

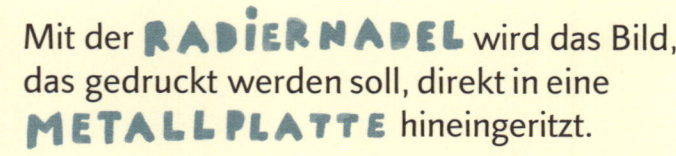

3

IE Lithografie

Nicht mit Holz- oder Metallplatten, sondern mit einem flachen, glatten **STEIN** werden Lithografien gedruckt. Das Bild, das gedruckt werden soll, wird mit einer besonderen Lithografietusche oder -kreide direkt auf den Stein gezeichnet oder gemalt.

ABER WIE KOMMT DAS BILD AUF DEN STEIN?

Nachdem das Bild mit Tusche oder Kreide aufgemalt oder -gezeichnet worden ist, wird der Stein mit einer speziellen **FLÜSSIGKEIT** behandelt. Die Bereiche, auf denen keine Tusche oder Kreide ist, werden dadurch versiegelt und nehmen auch keine weitere Farbe mehr auf.
Dann wird der Stein mit der Druckfarbe bestrichen.

Das Papier wird anschließend mit einer Presse auf den Stein gedrückt und nimmt dabei die Farbe auf.

ZURÜCK in NORWEGEN

Die lange Zeit des Reisens durch Europa machte Edvard müde. 20 Jahre lang war er unterwegs gewesen. Zwar kam er zwischendurch immer wieder nach Norwegen zurück. Doch Edvard sehnte sich nach Ruhe. Er wünschte sich „eine kleine Hühnerschar, einen Garten mit Blumen und Kartoffeln". Als er einmal mit dem Schiff an der Südküste Norwegens entlangfuhr, entdeckte er einen Ort, an dem er leben wollte: Kragerø. Ein wunderschönes Städtchen am Wasser, das von vielen kleinen Inseln umgeben war.

In Kragerø mietete er sich ein schönes Haus und fühlte sich sofort wohl. Und er malte wieder, wie er als junger Mann gemalt hatte: die Dinge und die Landschaft um ihn herum. Besonders liebte er den Blick auf Kragerø und die Morgensonne über dem Meer.

Im Garten richtete er sich eine ganz besondere Malerwerkstatt ein: Dieses Freiluftatelier hatte keine richtigen Wände und Türen, sondern nur ein Dach auf einer Stütze. So konnte Edvard in der Natur malen, ohne vom Regen nass zu werden.

VOGELDRECK und REGENTROPFEN –
eine Rosskur für die Kunst

Dass Edvard ein ungewöhnlicher Künstler war, hast Du in diesem Buch an vielen Stellen sehen können. Sein erstes berühmtes Bild, *Das kranke Mädchen*, fanden viele Leute damals lächerlich. Sie dachten, Edvard hätte es noch gar nicht fertig gemalt oder unsauber gearbeitet.

Doch Edvard sah das anders. Er sagte einmal, dass ein Bild erst dann gut ist, wenn es mit der Zeit Kratzer und Flecken bekommt. (So ähnlich, wie sich bei einem Menschen mit der Zeit Falten und graue Haare bilden.)

Und so, wie ein Mensch mit den Einflüssen von außen umgehen muss, hielt es Edvard mit einigen seiner Bilder: Er verwahrte sie nicht sorgsam in eine Decke eingehüllt in seinem Atelier. Sondern er stellte sie ins Freie oder hing sie sogar in die Bäume.

Dabei passierte es natürlich, dass Regen und Schnee auf die Bilder fielen und immer wieder auch ein Klecks Vogeldreck auf ihnen landete.

Edvard nannte das „Rosskur". Als Rosskur hat man früher die Behandlung einer Krankheit bezeichnet, die zwar wehtut oder wenigstens unangenehm ist, aber trotzdem gesund macht. Und so meinte Edvard, dass auch manche seiner Bilder erst dann gut gelungen sind, wenn sie von der Natur behandelt wurden.

Mit seinen Rosskuren war Edvard unglaublich modern. Erst Jahrzehnte später haben auch andere Künstler die Natur mitmalen lassen.

Einer dieser Künstler war der Franzose Yves Klein. Er hat manche seiner Bilder auf das Autodach gebunden und ist einfach losgefahren. Wind und Regen haben dann spannende Formen und Farben auf ihnen hinterlassen. Deshalb heißt dieses Bild auch „Im Fahrtwind".

Eines der größten Bilder, die Edvard gemalt hat, zeigt die Morgensonne über dem felsigen Strand vor Kragerø. Sie scheint so hell, dass ihr Licht fast alles überstrahlt. Die grellen Farben und flirrenden Formen, die diese Sonne erzeugt, können auch bei einem Blick in die wirkliche Sonne entstehen. Das liegt daran, dass direktes Sonnenlicht einfach zu hell für unsere Augen ist. (Deshalb ist ein Blick in die Sonne auch sehr, sehr ungesund – Du solltest es lieber nicht selber ausprobieren.) Aber die gemalte Sonne ist natürlich ungefährlich. Und wenn Du das Bild genau anschaust, kannst Du auch die Schären im Meer sehen – so heißen in Norwegen die vielen kleinen Inseln vor der Küste.

Edvard war fasziniert von der Schönheit der aufgehenden Sonne. Immer und immer wieder hat er sie gemalt. Er stand dafür in seinem Freiluftatelier und malte direkt auf die riesige Leinwand, die dort aufgehängt war. Und auch an seinen Sonnenbildern hat die Natur mitgemalt, denn er ließ sie einfach draußen.

Das Bild ist deshalb so groß, weil eine ganze Wand in der Osloer Universität damit geschmückt werden sollte.

Leben auf dem BAUERNHOF

Edvard war mit der Zeit berühmt geworden und konnte von seiner Kunst sehr gut leben. Nicht nur das: Er war sogar ein reicher Mann. Mehrere Häuser konnte er sich leisten. In der Nähe von Oslo kaufte er sich das Gut Ekely, einen alten, wunderschönen Bauernhof. Dort konnte er sich den Traum von einer kleinen Hühnerschar und den Kartoffeln im Garten erfüllen.

Ekely war so groß, dass er sich gleich ein paar Freiluftateliers bauen ließ. So hatte er je nach Tageszeit und dem Stand der Sonne immer gutes Licht zum Arbeiten. Und er malte und malte. Bald waren die Werkstätten und das ganze Haus mit seinen über 20 Zimmern voller Bilder. Bilder vom Garten in Ekely. Bilder von seinen Tieren. Bilder von Holzfällern und anderen arbeitenden Menschen. Und immer wieder auch Bilder von seinen Gefühlen und Erinnerungen an Sofie und seine Mutter.

Auf Gut Ekely wurde Edvard alt. Er lebte dort mit seinen Bediensteten, die sich um das Haus und um den großen Garten kümmerten. Immer wieder bekam er Besuch von alten Freunden und Menschen, die seine Kunst bewunderten. Doch am liebsten war er allein mit seinen Bildern.

Er malte bis kurz vor seinem Tod. Doch seine Augen wurden immer schlechter und das Malen fiel ihm schwer.

Mit 80 Jahren starb Edvard auf seinem Bauernhof.

Viele Jahrzehnte nach Edvards Tod, im Frühling 2005, passierte in einem Museum in Deutschland etwas Verrücktes:

Eine Bilderrestauratorin untersuchte das Bild *Das Kind und der Tod* einmal etwas genauer. (Restauratoren kümmern sich in einem Museum darum, dass die Bilder immer in einem guten Zustand bleiben und reparieren sie, wenn sie mit den Jahren kaputtgehen.)
Über 100 Jahre war das Bild in seinem schützenden Bilderrahmen, der nur für diese Untersuchung abgenommen wurde.

Dabei sah die Restauratorin, dass unter der Leinwand, auf die Edvard das Bild gemalt hatte, eine zweite Leinwand versteckt war. Da beide Leinwände auf einen Keilrahmen genagelt waren (übrigens – die meisten Künstler malen ihre Bilder auf eine Leinwand: Das ist ein Stück Stoff, der auf einen besonderen Holzrahmen, den sogenannten „Keilrahmen", aufgenagelt wird), konnte man sie nicht auf Verdacht voneinander trennen: Die Gefahr, dass das Bild *Das Kind und der Tod* beschädigt wird, war zu groß.

So wurde das Bild geröntgt – wie bei einem Arzt. Im Röntgenbild war dann genau zu erkennen, dass unter dem Bild ein zweites Bild versteckt war. Nun lohnte es sich natürlich, das Bild *Das Kind und der Tod* von der Leinwand abzulösen.

So kam das Bild *Mädchen mit drei Männerköpfen* zum Vorschein, das Du ebenfalls in diesem Buch kennengelernt hast.

Warum Edvard das Bild mit einem anderen Bild verdeckt hat, wissen wir nicht. Wahrscheinlich hat er, um sein Bild *Das Kind und der Tod* zu malen, die weiße Leinwand einfach auf den Keilrahmen von *Mädchen mit drei Männerköpfen* genagelt.
Vielleicht gefiel ihm dieses Bild nicht so gut oder er brauchte dringend einen Keilrahmen – damals, als junger Künstler, war Edvard ja noch nicht so reich.

In jedem Falle besitzt die Kunsthalle Bremen, das Museum, in dem diese verrückte Geschichte passiert ist, heute zwei Bilder von Edvard, obwohl sie nur eines gekauft hatte.

EIN LANGES LEBEN FÜR DIE KUNST

Edvard war einer der wichtigsten Künstler, die wir heute kennen. Denn er hat nicht nur unglaublich viele Bilder gemalt. Edvards Bilder haben auch viele andere Künstler beeindruckt.

Und obwohl viele seiner Bilder heute über 100 Jahre alt sind, wirken sie nicht alt. Denn seine Bilder erzählen Geschichten, die die Menschen heute immer noch erleben und auch in 100 Jahren noch erleben werden.

Über 1400 Bilder hat Edvard hinterlassen. Die meisten dieser Bilder hängen heute in einem Museum, das nur für ihn eingerichtet wurde: Das berühmte Munch-Museum in Oslo. Aber Du musst nicht erst nach Oslo fahren, um seine Kunstwerke zu erleben. Auch in Museen in Deutschland werden Edvards Bilder gezeigt.

Auf Seite 54 und 55 siehst Du, in welchen Museen Du seine Bilder in Wirklichkeit sehen kannst – so, wie Edvard sie gemalt hat. Denn ein buntes Buch wie dieses kann nicht das Erlebnis ersetzen, das Du beim Betrachten eines echten Bildes von Edvard Munch haben wirst!

Einige der vielen, vielen Bilder von Edvard konntest Du in diesem Buch kennenlernen. Welches hat Dir besonders gut gefallen? Hast Du Lust bekommen, es auf Deine eigene Weise nachzumalen?

WANN, WAS, WO?

Edvards Leben in Jahreszahlen

1863 Am 12. Dezember 1863 kommt Edvard auf die Welt. Die Munchs lebten damals noch in dem kleinen Städtchen Løten.

1868 Als Edvard gerade fünf Jahre alt ist, stirbt seine Mutter Laura Munch am 29. Dezember 1868. Kurz danach zieht seine Tante Karen zur Familie.

1877 Im Winter 1877 stirbt seine große Schwester Sofie.

1881 1881 beginnt der 17-jährige Edvard mit der Kunstschule. Dort lernt er andere Künstler kennen und bekommt Geld für eine Reise nach Paris. Dorthin reist er 1885.

1885 Zwischen 1885 und 1909 ist Edvard fast immer unterwegs. Er lebt für längere Zeit in Paris, in Nizza und in Berlin, kommt aber immer wieder zurück nach Norwegen.

1889 1889 stirbt Edvards Vater Christian an einem Schlaganfall.

1892 1892 darf Edvard seine Bilder in einer großen Ausstellung in Berlin zeigen. Viele Menschen verstehen die Bilder nicht, aber er gewinnt auch neue Freunde.

1896 — 1896 wohnt Edvard in Paris. Dort arbeitet er mit den Drucktechniken Lithografie und Holzschnitt.

1902 — 1902 stellt Edvard seine Bilder wieder in Berlin aus. Er zeigt sie dort als Lebensfries, zum Beispiel auch *Der Schrei*. Und wieder sind viele Leute in Berlin ratlos und verärgert.

1908 — Das anstrengende Leben unterwegs und die viele Arbeit machen Edvard krank. 1908 lässt er sich in einer Klinik für seelische Krankheiten behandeln.

1909 — 1909 zieht er ganz zurück nach Norwegen. Er fühlt sich wieder besser und beginnt auch damit, die großen Bilder für die Universität in Oslo zu malen.

1930 — 1930, als Edvard 66 Jahre alt ist, werden seine Augen krank. Er kann nicht mehr gut sehen. Und noch etwas Trauriges passiert: Seine Tante Karen stirbt.

1944 — Am 23. Januar 1944 stirbt Edvard in seinem Bauernhof Ekely mit 80 Jahren.

1963 — 1963 wird das Munch-Museum in Oslo eröffnet.

Die BILDER

Das kranke Kind, 1896,
mit Ölfarben auf Leinwand gemalt,
Göteborg Kunstmuseum

Seite 32

Das kranke Kind, 1907,
mit Ölfarben auf Leinwand gemalt,
Galerie Thielska, Stockholm

Seite 32

Das kranke Kind, 1907,
mit Ölfarben auf Leinwand gemalt,
Tate Modern, London

Seite 32

Das kranke Kind, 1927,
mit Ölfarben auf Leinwand gemalt,
Munch-Museum, Oslo

Seite 32

Das kranke Kind, 1894,
Radierung,
Kunsthalle Bremen Inv. Nr. 08/191

Seite 33

Das kranke Mädchen, 1885,
Lithografie,
Kunsthalle Bremen

Seite 33

Der Kuss II, 1897,
Holzschnitt,
Munch-Museum, Oslo

Seite 33

Winter in Kragerø, 1912,
mit Ölfarben auf Leinwand gemalt,
Munch-Museum, Oslo

Seite 38

Zwischen der Standuhr und dem Bett, 1940–43,
mit Ölfarben auf Leinwand gemalt,
Munch-Museum, Oslo

Seite 40

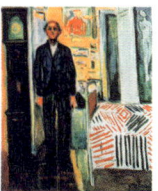

Weg im Park, Jeløya, 1913–15,
mit Ölfarben und von Vögeln
(Vogeldreck) auf Leinwand gemalt,
Munch-Museum, Oslo

Seite 41

Die Sonne, 1912,
mit Ölfarben auf Leinwand gemalt,
Universität Oslo

Seite 42

Pferde beim Pflügen, 1919,
mit Ölfarben auf Leinwand gemalt,
Munch-Museum, Oslo

Seite 44

Bilder in diesem Buch, die andere Künstler gemalt haben:

**Raffaelo Santi:
Sixtinische Madonna, 1512/13**,
Galerie Alte Meister, Dresden

Seite 24

**Diego Velázquez:
Die Infantin Margarita, 1659**,
Kunsthistorisches Museum, Wien

Seite 24

**Jean-Baptist Chardin:
Der Knabe mit dem Kreisel, 1738**,
Louvre, Paris

Seite 25

**Camille Pissarro:
Liegendes Mädchen am Rasenhang, 1882**,
Kunsthalle Bremen

Seite 25

**Yves Klein:
COS 32, Le vent du voyage, 1960**,
Privatsammlung

Seite 41

Impressum

Idee, Konzeption und Texte
Hartwig Dingfelder

Illustrationen und Gestaltung
Tidian Camara, Berlin

Verlagskoordination
Nicola von Velsen

Bildrecherche
Julia Remmert

Korrektorat
Anna Sophia Herfert, Frankfurt

Druck
Druckerei Rasch, Bramsche

Bildnachweis:
AKG Images, Berlin S. 15, 17, 21 (links), 32, 33 (Mitte und unten), 35
Modern Tate, London S. 32 (links unten)
Munch-Museum, Oslo / Munch Ellingsen Group S. 2, 8 (oben und unten), 11, 18, 39 (rechts und links), 43, 45
Nationalgalerie, Oslo S. 28
Galerie Thielska, Stockholm. Foto: Tord Lund S. 32 (oben rechts)

Sofern nicht anders angegeben, stammen die übrigen Vorlagen aus dem Archiv der Kunsthalle Bremen und des Verlags.

Danke…
…an die Probeleserinnen Fanny Walger, Khadijah und Qumaira Rahman, Rahel Zuber, Jule Dingfelder, an Halina und Holly Lackschewitz, Paula Camara, Lilly, Louis, Flecki und Kami, Susanne Utsch, Miriam Camara, Sabine Barthel, Baba und Cani Boubakar, Ndala, Vera Walger, Annette Justus-Rahman, Heidi Dingfelder, Sandra Henkel-Zuber und Matthias Zuber, sowie an Dorothee Hansen, Katharina Groth und Julia Remmert.

ISBN 978-3-8321-9423-9
www.dumont-buchverlag.de

Printed in Germany